curio¿idad por

EL LAZO DE NOVILLOS

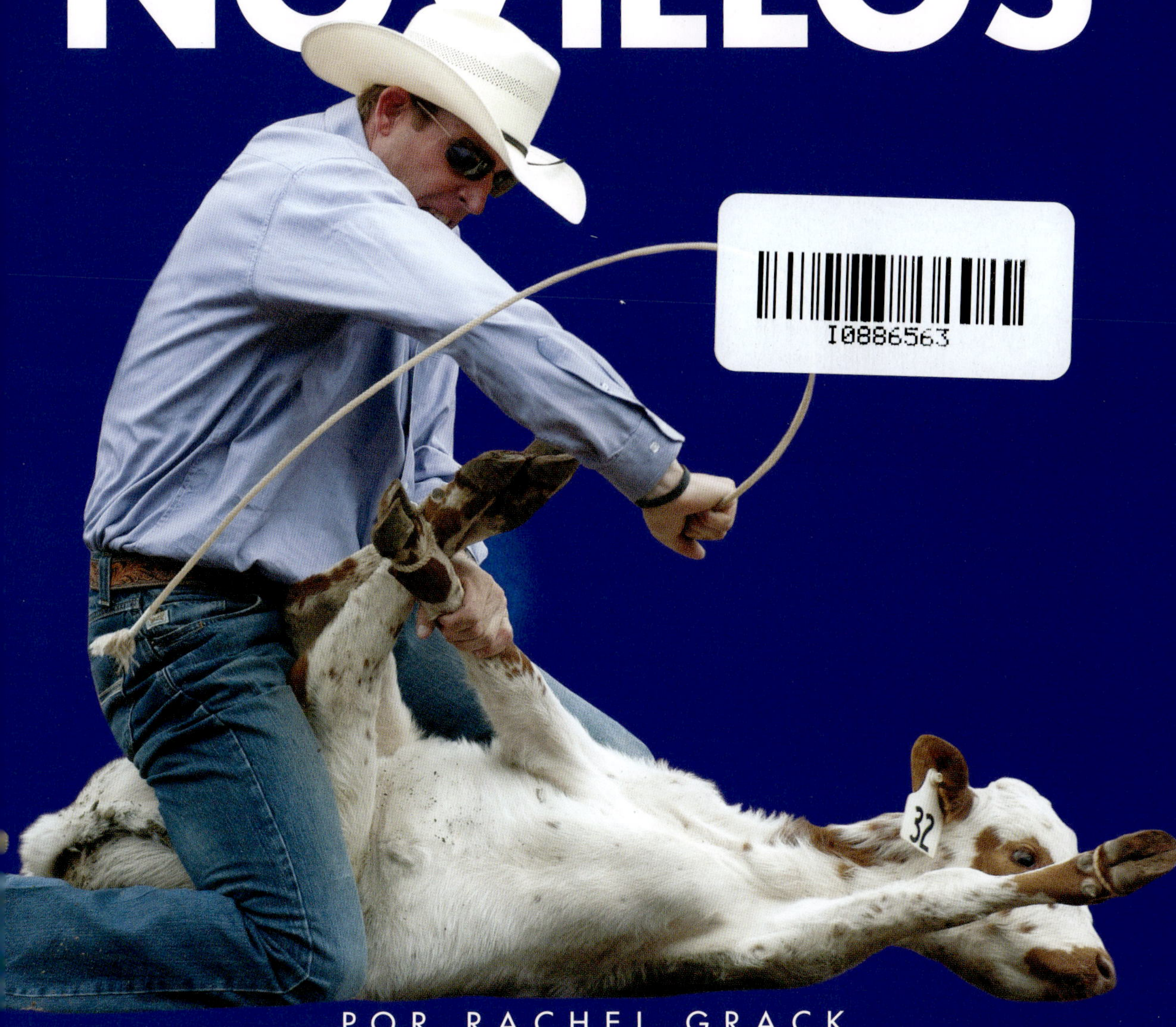

POR RACHEL GRACK

AMICUS LEARNING

¿Qué te causa

curiosidad?

Curious About está publicado por
Amicus Learning, un sello de Amicus
P.O. Box 227, Mankato, MN 56002
www.amicuspublishing.us

Editora: Ana Brauer
Diseñadora de la serie: Kathleen Petelinsek
Diseñadora del libro e investigadora
fotográfica: Kathleen Petelinsek

Library of Congress Cataloging-in-Publication Data
Names: Koestler-Grack, Rachel A., 1973- author.
Title: Curiosidad por el lazo de novillos / Rachel Grack.
Other titles: Curious about tie-down roping. Spanish
Description: Mankato, MN : Amicus Learning, 2025. | Series: Curiosidad por el rodeo | Includes index. | Audience: Ages 6–9 | Audience: Grades 2–3 | Summary: "Learn how cowboys and their horses compete in tie-down roping events in this Spanish question-and-answer book for elementary-aged readers. Translated into North American Spanish. Includes infographics, table of contents, glossary, and an index"— Provided by publisher.
Identifiers: LCCN 2024022444 (print) | LCCN 2024022445 (ebook) | ISBN 9798892002967 (library binding) | ISBN 9798892003049 (paperback) | ISBN 9798892003124 (ebook)
Subjects: LCSH: Calf roping—Juvenile literature.
Classification: LCC GV1834.45.C34 K64618 2025 (print) | LCC GV1834.45.C34 (ebook) | DDC 791.8/4—dc23/eng/20240524
LC record available at https://lccn.loc.gov/2024022444
LC ebook record available at https://lccn.loc.gov/2024022445

Créditos fotográficos: Alamy Stock Photo/Cowboy and Western, 11 (arriba), Luc Novovitch, 12-13, Mauro Toccaceli, portada, 1, 6-7, Nyla James, 10, Robert McGouey, 3, 20-21, Yaroslav Sabitov/YES Market Media, 8-9; Shutterstock/Diane Garcia, 2 (izquierda), 5, digitmilk, 17, 22, 23, Jackson Stock Photography, 11 (abajo izquierda), 11 (abajo derecha), 18-19, Jim Lambert, 11 (abajo centro), Macrovector, 17, satriana, 17, YES Market Media, 2 (derecha), 15

Impreso en China

CAPÍTULO UNO

¿Qué es el lazo de novillos?

Es un evento cronometrado de rodeo. Un vaquero a caballo persigue a un ternero. Le echa un lazo al cuello y salta del caballo. Tira al ternero al suelo. Rápidamente ata tres de sus patas. Los vaqueros compiten para ver quién es el más rápido.

¿LO SABÍAS?
En la mayoría de los rodeos profesionales, el lazo es un evento masculino. Las damas compiten en rodeos femeninos y eventos no sancionados.

El lazo de novillos también se llama el lazo de terneros.

¿Por qué atar a un ternero?

El lazo de novillos empezó en los ranchos del Viejo Oeste. Ahora es uno de los deportes de rodeo más populares.

Era una tarea común en los ranchos hace años. A veces los terneros enfermaban o se herían. La única forma de atraparlos era atándolos. Esto lo mantenía quieto para la atención veterinaria. Cada vaquero intentaba ser el más rápido en enlazar y atar. El lazo se convirtió en una competencia.

CAPÍTULO DOS 2

¿Cuándo empieza el reloj?

Si el enlazador no da ventaja al ternero, rompe la barrera y recibe una penalización.

La acción comienza antes que el reloj. El **corral** se abre y el ternero corre hacia la arena. Tiene ventaja. Una cuerda atada a su cuello se tensa y cae. La **cuerda de la barrera** cae y el reloj empieza. El enlazador sale disparado del **cajón**. Comienza la persecución.

¿LO SABÍAS?
El lazo de novillos es "a salto de mata". Esto significa que cualquier captura está permitida.

Cuerda de barrera

¿Es difícil atrapar al ternero?

Incluso los niños pequeños pueden aprender a lanzar un lazo.

Sí. Montar a caballo requiere mucha práctica. El vaquero debe calcular bien su lanzamiento. Y necesita tener las dos manos libres. No puede utilizar las riendas para dar órdenes a su caballo. Pero no pasa nada. Su caballo está bien entrenado. Sabe lo que tiene que hacer.

Los principiantes compiten en el lazo de maniquí. ¡Esta es una gran manera de empezar a enlazar!

CHARLA SOBRE AMARRES

De primera: la cuerda atrapa la parte superior de la cabeza

Basura en el lazo: patas atrapadas en la cuerda

Captura de cuello de campana: un cierre limpio alrededor del cuello

¿Cómo entrenan los enlazadores a sus caballos?

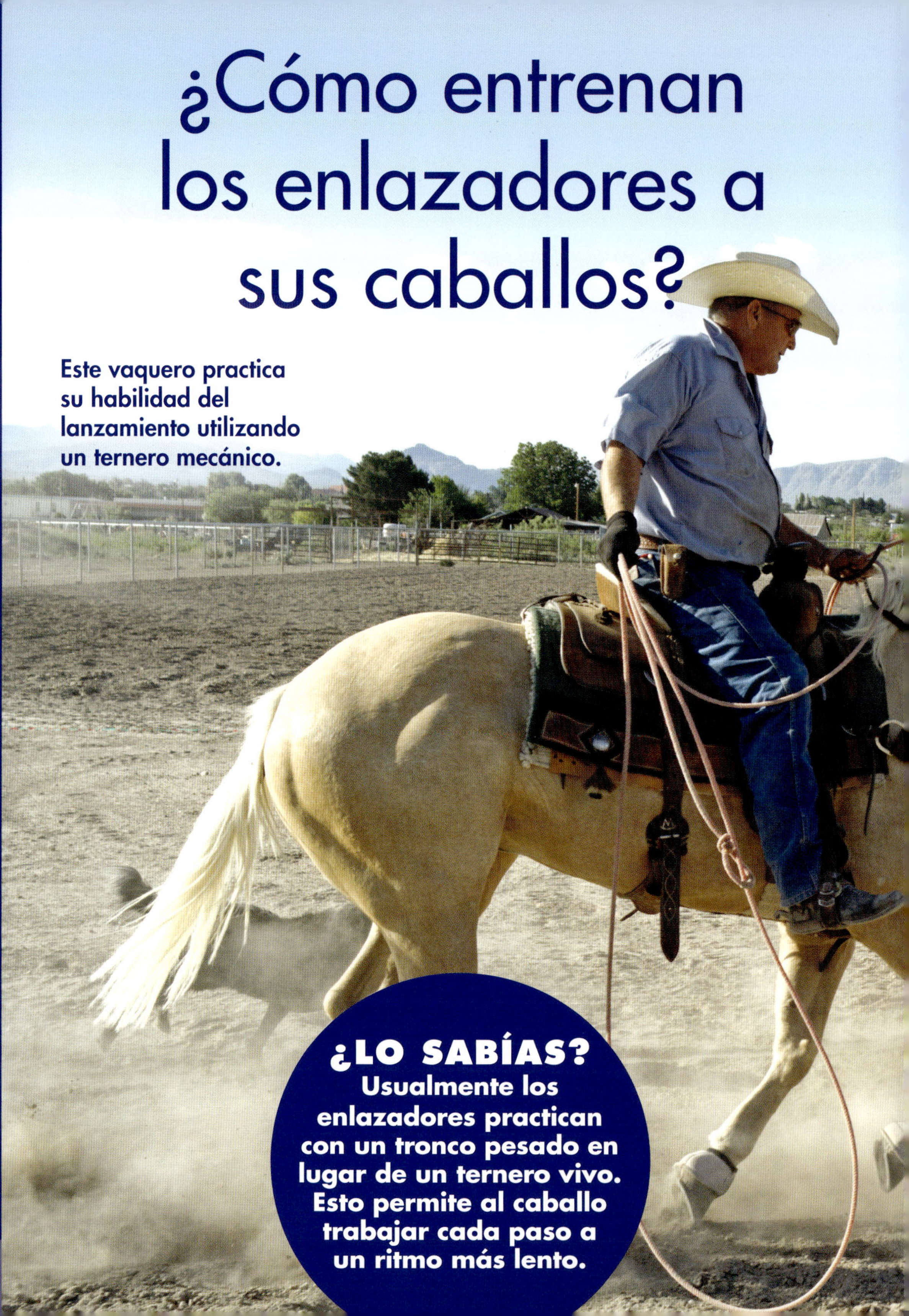

Este vaquero practica su habilidad del lanzamiento utilizando un ternero mecánico.

¿LO SABÍAS?
Usualmente los enlazadores practican con un tronco pesado en lugar de un ternero vivo. Esto permite al caballo trabajar cada paso a un ritmo más lento.

Los enlazadores practican con sus caballos todos los días. Trabajan juntos como un equipo. El caballo aprende a seguir los movimientos del cuerpo del enlazador. Se para en cuanto él tira la cuerda. Pero entonces el enlazador debe desmontar. Enseña al caballo a retroceder y tensar la cuerda solo.

¿Qué hay en la boca del enlazador?

Es una **cuerda de porcino**. Los enlazadores la usan para atar al ternero. La llevan entre los dientes. El enlazador corre hacia el ternero y lo tira al suelo. Junta las tres patas. Agarra la cuerda de porcino para atarlas. Hace dos vueltas y un **hooey**. Lanza los brazos al aire. ¡Tiempo!

¿LO SABÍAS?

El caballo sujeta la cuerda con fuerza. Pero sabe que no debe tirar demasiado fuerte. El ternero debe permanecer de pie. Si se cae, los enlazadores deben dejar que se levante antes de tirarla al suelo. Esto cuesta un tiempo valioso.

El vaquero lleva la cuerda con la boca para tener las manos libres para derribar al novillo.

¿Le hace daño al ternero?

Es posible. Pero los rodeos tienen reglas para mantener a salvo a los terneros. Los jinetes sólo tienen 25 segundos para atar. Los terneros deben ser levantados y volteados de lado. No está permitido **tirones abajo**. Es cuando el ternero es tirado sobre su espalda o cabeza. Los enlazadores que rompan las reglas recibirán un "no tiempo".

¿LO SABÍAS?
La Asociación Profesional de Vaqueros de Rodeo (PRCA) tiene más de 60 reglas sobre el cuidado y el trato adecuados de los animales.

1

PESO DE SEGURIDAD:
215 LIBRAS (98 KG) - 285 LIBRAS (129 KG)

2

SANO Y EN FORMA

3

LÍMITE DE 25 SEGUNDOS

4

SIN TIRONES ABAJO

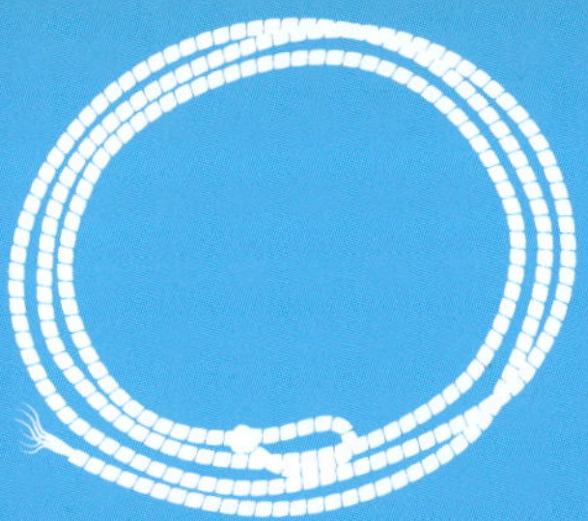

5

CUERDA DE CAPTURA RETIRADA RÁPIDAMENTE DEL CUELLO

CAPÍTULO TRES 3

¿Qué es un "no time"?

Significa que el enlazador fue descalificado. Tal vez rompió una regla. O el ternero se soltó. Debe permanecer atado durante seis segundos. El enlazador vuelve a subir a su caballo. Da un paso adelante para hacer más **floja** la cuerda del cuello. Si el ternero se suelta, el tiempo no cuenta.

A veces el ternero se suelta antes de que el enlazador haya terminado. Entonces el enlazador es descalificado.

El récord mundial del lazo de novillos es de 6,3 segundos.

¿Quién gana?

El enlazador con el tiempo más rápido. Pero también necesita una carrera limpia. Puede que un enlazador haya atado el ternero en siete segundos. Pero rompió la barrera. Esto significa que dejó el cajón demasiado pronto. Oh-oh. Recibe una **penalización** de 10 segundos. ¡Eso lo deja fuera del dinero esta **ronda**!

¡MANTÉN TU CURIOSIDAD!

HAZ MÁS PREGUNTAS

¿Dónde puedo aprender a enlazar?

¿Hay rodeos cerca de mí?

Prueba con una GRAN PREGUNTA: ¿Me sentiría mal enlazando a un ternero?

BUSCA LAS RESPUESTAS

Busca en el catálogo de la biblioteca o en el internet.
Pueden ayudarte tus padres, un bibliotecario o un maestro.

Uso de las palabras clave
Encuentra la lupa.

Las palabras clave son las palabras más importantes en tu pregunta.

Si quieres saber:

- sobre clases de rodeo cerca de ti, escribe: RODEO JUVENIL [TU CIUDAD/ESTADO]
- sobre rodeos cercanos, escribe: RODEOS EN [TU ESTADO]

CALGARY

GLOSARIO

cajón El área donde los jinetes hacen retroceder a sus caballos para un evento de rodeo cronometrado.

corral El área que mantiene a los animales en posición para que los jinetes puedan montar con seguridad.

cuerda de la barrera Una cuerda que cuelga en la parte delantera de la barrera del cajón.

cuerda de porcino La cuerda que se utiliza para atar las patas del ternero.

floja La parte suelta de una cuerda que cuelga.

hooey El nudo que se utiliza para terminar de atar la cuerda del ternero.

no sancionado No aprobado ni dirigido por una organización oficial.

penalización Una marca que cuenta en contra de una puntuación.

ronda Una vuelta de competencia en el rodeo; la mayoría de los rodeos tienen más de una ronda.

tirón abajo Voltear a un ternero hacia atrás para que caiga de espaldas con las patas en el aire.

ÍNDICE

Sobre la autora

Rachel Grack lleva veinticinco años escribiendo obras de no ficción para niños. Vive en un rancho en el corazón del país del rodeo (sur de Arizona). Algunas tardes, se acerca a ver a sus vecinos en competiciones amistosas de roping. Un restaurante del oeste de la ciudad ofrece semanalmente monta de toros y carreras de carneros. Pero Rachel prefiere pasear tranquilamente a lomos de su dócil caballo Lady.